闽人智慧

言之有理

厦门卷

中共福建省委宣传部
中共福建省委讲师团 编

海峡出版发行集团
THE STRAITS PUBLISHING & DISTRIBUTING GROUP
福建人民出版社

“闽人智慧：言之有理”丛书编委会

目录

信念篇

主要收录有关理想、信念、立志、自强的民谚、俗语。

三分天注定，七分靠拍拼，爱拼则会赢

【注释】 拍拼：打拼；则：才。

【句意】 想要获得成功，三分靠先天条件，七分靠自身努力奋斗。

【运用】 用于阐述人需要靠自己努力奋斗，敢于拼搏，才能获得成功。

厦门方言

人贵有志气，竹贵有节

【注释】 节：竹节，喻指节节高的气势。

【句意】 正如竹子贵在有节节高的长势一样，人的可贵之处在于有崇高的理想和志向。

【运用】 用于阐述人要树立远大的志向和崇高的理想。

扫码听音

行船着有方向，做人着有理想

【注释】 着：要。

【句意】 正如行船要有方向一样，做人也要有理想。

【运用】 用于阐述有理想有信念才会有奋斗不息的动力。

厦门方言

有志气就有机会，散赤人出好子弟

【注释】 散：贫穷、贫寒；赤：贫困。

【句意】 只要有志气就有成功的机会，穷苦人也能出人头地。

【运用】 用于阐述即使是出身贫寒的平民百姓，只要有雄心壮志就不怕找不到实现自己理想的机会，就能成为有出息的栋梁之材。

扫码听音

三年水流东，三年水流西

【注释】 水流东：水向东流。

【句意】 原本朝东流的水，有可能两三年后就改道往西去。

【运用】 用于阐述人的机缘、命运，不是固定不变，是会轮转更替的。常用于劝人不要因形势不佳而灰心丧志，要保持信念以待时机，机遇到来则乘势而上，成就事业。意近“三十年河东，三十年河西”。

厦门方言

虎伓惊山悬，鱼伓惊水深

扫码听音

【注释】 伓惊：不怕；悬：高。

【句意】 虎不怕山高，鱼不怕水深。

【运用】 用于喻指无论条件多么复杂或任务多么艰巨，有本事的人都敢于克服困难，拼搏奋斗，勇往直前。

扫码听音

食志较好赌气

【注释】 食志：立志。

【句意】 志气是人发愤图强的动力，赌气是闹情绪和耍无赖的表现。立下志愿，咬紧牙关，坚守初心，不因与他人赌气而改变初衷。

【运用】 用于阐述人要有拼搏向上的志气，才能有所成就，不能用赌气、闹情绪解决问题。

厦门方言

家己想，
家己劝

【注释】　家己：自己。

【句意】　遭遇挫折或不幸时，要想得开并勉励自己，才能早日从阴影或困惑中摆脱出来。

【运用】　用于阐述人要有自我开解的能力。

立场篇

主要收录有关方向、立场、站位的民谚、俗语。

大道理管小道理，小道理管无道理

【注释】 管：比……优先。

【句意】 小道理服从大道理，没道理服从小道理。

【运用】 用于强调全局立场，要讲大局，个体利益要服从集体利益。

厦门方言

捍家则知柴米贵

【注释】　捍家：当家。

【句意】　当家才知柴米贵。只有当家才知维持家业多不容易。

【运用】　用于表达人要懂得换位思考，懂得站在当事人的立场来思考问题。

扫码听音

双脚踏双船，心肝乱纷纷

【注释】 心肝：心里。

【句意】 脚踏两条船（两边押注、投机），心里乱糟糟。

【运用】 用于讽刺没有主心骨、拿不定主意或立场摇摆的人或行为。

厦门方言

大海水𬶨焦，死窟仔水紧焦

【注释】 𬶨焦：不会干；死窟仔：没有水源的小水坑；紧：很快。

【句意】 大海不会干涸，小水坑干得快。

【运用】 用于表达一滴水只有放进大海才不会干涸，一个人只有把自己和集体事业紧紧融合在一起才最有力量。

扫码听音

掌头仔咬着逐支痛

【注释】　掌头仔：手指头；逐支：每一只。

【句意】　十指连心，哪一指受伤，都会痛到心窝。

【运用】　用于阐述集体中的每个人都息息相关，一荣俱荣、一损俱损。

厦门方言

家己杀，通腹里

【注释】 家己：自己；腹里：肚子。

【句意】 兄弟或至亲之间互相攻击、残杀，更加凶狠残酷。

【运用】 用于强调要加强团结。

刀惊双面刀，话惊两面话

【注释】　惊：怕。

【句意】　刀怕双刃刀，说话怕说两面话。

【运用】　用于阐述当面一套、背后一套的"两面人"不可交。

做官着爱知人情，做生理着爱知行情

【注释】　着：要；生理：生意。

【句意】　正如商人要掌握好市场动态行情才能赚钱营利一样，当官的也要了解民情、体恤百姓疾苦，才能当好官。

【运用】　用于阐述为政者要多下基层调研，听民意、解民情、纾民困。

主要收录有关民本、人本思想理念的民谚、俗语。

同行不如同命

【注释】　同命：同舟共济。

【句意】　同行的交情不如患难与共的交情。

【运用】　用于阐述要同舟共济，患难与共。

厦门方言

人若相意爱，挽草做羹也是菜

扫码听音

【注释】　相意爱：相爱；挽：摘。

【句意】　人若是相爱，摘草煮羹汤也能当成一道菜。

【运用】　用于阐述只要能相亲相爱，互相体贴帮助，即使受苦受累，生活也是甜蜜的。

厦门方言

只有千里人情，无有百年威风

【注释】　无有：没有。

【句意】　人情可以超越时空，长期保留；但威风显赫，以势压人，只能存在一时。

【运用】　用于阐述人情比权势更长远，更能感动人心。

厦门方言

分𠶧平，
拍甲二九暝

【注释】 𠶧：不；拍：打，这里指争吵；甲：到，直到；二九暝：大年二十九晚上，指年终。

【句意】 分配不公平，会导致参与分配的人长期争夺。

【运用】 用于阐述公平公正的重要性，分配不公容易引起争端。

厦门方言

扫码听音

民以食为天，无嚼倥倥颠

【注释】 天：比喻赖以生存的最重要的东西；无嚼：没吃东西；倥倥颠：形容走路摇摇晃晃。

【句意】 老百姓以食为天，肚子饿步履维艰。

【运用】 用于阐述粮食安全是维护社会稳定的重要基石。

厦门方言

会做官着会察理

【注释】 着：要；察：审察、考察。

【句意】 做官要懂得判断是非。

【运用】 用于阐述为政者要有体察民情、明辨是非、主持正义和为民办实事的能力。

扫码听音

大石也着细石擎，红花也着绿花扶

【注释】 着：要；细：小；擎：垫、垒，打基础。

【句意】 大石头也要小石头垫着才放得稳，红花也要配绿叶才好看。

【运用】 用于阐述一个人力量再大，也需要别人的帮助支持。

厦门方言

一人主张，
伓值两人思量

【注释】　伓值：比不上。

【句意】　多一个人商量或出计谋，总比单独一个人苦思冥想好。

【运用】　用于说明群策群力的重要性。

扫码听音

猛虎袂对得猴群

【注释】 袂对得：对付不了。

【句意】 猛虎也对付不了猴群。

【运用】 用于喻指再强大的个体也难以与群体对抗。

厦门方言

众人扛山山会动

【注释】 扛山：抬起大山。

【句意】 众人抬山山能移动。

【运用】 用于形容群众中蕴藏着无穷的伟力，大家团结一致就能移山倒海，无坚不摧。

拳着常练，曲着常唱

【注释】　着：要。

【句意】　学了的拳术要常练，才不会回生或退步；学了的曲子要常唱常温习，才不会忘词。

【运用】　用于阐述学过的知识要不断复习和实践，才能掌握得牢固。意同“拳不离手，曲不离口”。

厦门方言

赐囝千金，
伓值教囝一艺

【注释】 囝：子女；伓值：比不上。

【句意】 给子女千金财富，不如教会他们掌握一门技艺，让他们受益终身。

【运用】 用于表达财富可能散尽，而知识、技艺伴随人终身，可以让人受益终身。意同“万贯家财，不如一艺在身”。

扫码听音

海底鱼，天顶鸟，无人仈会了

【注释】　天顶：天上；仈：认得，了解；了：尽，全部。

【句意】　海中鱼和天上鸟的种类，没有人能认得全。

【运用】　用于阐述世间万物丰富多彩，知识浩瀚，而人生苦短，再怎么学也学不完，所以要活到老，学到老。

厦门方言

有骨头着会生肉

【注释】 着：才。

【句意】 有骨头才会长出肉来，意指要抓根基、固根本。

【运用】 用于比喻有比较坚实的学识、本事，才能根深叶茂，开花结果，做出成绩和贡献。

厦门方言

扫码听音

好花伓惊无人挽，好曲伓惊无人听

【注释】 伓惊：不怕；挽：摘、拔。

【句意】 好花不怕没人摘，好曲不怕没人听。

【运用】 用于比喻有真才实学的人不会被埋没，会得到赏识和重用。

厦门方言

千斤力，伓值四两智

【注释】　伓值：抵不过。

【句意】　千斤力气抵不过四两智慧。

【运用】　用于喻指知识就是力量。光靠使大力气或耗费大量的人力物力不一定能解决问题，唯有运用科学知识，动脑筋找关键、窍门，才能解决问题。

扫码听音

会的扂扂，
𫠚的嘈嘈念

【注释】　扂扂：安安静静，不作声；𫠚：不会；嘈嘈念：喋喋不休。

【句意】　懂的人不说话，不懂的人说个不停。

【运用】　用于劝诫他人做学问要保持谦虚谨慎。

厦门方言

有满腹才，伓惊无好运来

【注释】 伓惊：不怕。

【句意】 有满腹才华不怕好运不来。

【运用】 用于阐述只要有知识、才能，就不怕没有出路，不受重用。强调学习和掌握本领的重要性。

扫码听音

好记池伓值烂笔头

【注释】　记池：记性；伓值：比不上。

【句意】　好记性不如烂笔头。

【运用】　用于提倡做笔记的学习方法。

厦门方言

敢问的，
见笑一时；
伓敢问的，
见笑一世

【注释】　见笑：被人嘲笑或取笑；伓：不。

【句意】　做学问、办事等遇到不懂的地方敢于求教的，最多被人笑一时；但如果不敢求教，得不到知识，反倒会被人耻笑一辈子。

【运用】　用于阐述学习要勤问。

扫码听音

成才𬹼自在，自在𬹼成才

【注释】 𬹼：不会；自在：舒适自在。

【句意】 成才不是轻轻松松就能实现的，轻松快活地学习不可能成才。

【运用】 用于阐述要想成才就要吃苦耐劳，努力学习和工作，而不能安闲偷懒。

厦门方言

十艺九不成

【注释】 艺：技艺。

【句意】 什么技艺都想学，不能专心致志，结果很可能一事无成。

【运用】 用于阐述学习要专注，学一门要精一门，不能浅尝辄止。

一岁生根，百岁牢老

【注释】　牢老：稳固，不动摇。

【句意】　树木一年生根成活，一百年根系扎牢土地。

【运用】　用于喻指从小养成的生活和行为习惯直到老了都不容易改变，因此从小就要抓紧教育，培养好的行为习惯。

厦门方言

是伓是，骂家己

扫码听音

【注释】 伓：不；家己：自己。

【句意】 凡事要多从自己身上找原因。

【运用】 用于阐述凡事先反思自己，要严于律己，宽以待人。

名声无带买

【注释】 无带买：无处买。

【句意】 口碑名望是买不来的。

【运用】 用于阐述金钱是买不来一个人的声誉的，唯有靠自己实干担当的作为和崇高的品格才能得到众人的认可。

厦门方言

天不言自高，地不言自厚

【注释】 不言：不说。

【句意】 天虽高不言自己高，地虽深厚也从不夸耀自己厚实。

【运用】 用于阐述有本事有能力的人从来都是谦逊低调，从不显耀自己。

厦门方言

话盘过嘴会多，水盘过碗会少

【句意】　水用碗倒来倒去会越来越少；话经过口耳相传会越传越多越走样，甚至面目全非，贻害无穷。

【运用】　既用于阐述不要轻易相信传言，同时也用于阐述不要添油加醋传小话，于己于人都不利。

厦门方言

交人交心，沃树沃根

【注释】 沃：浇灌。

【句意】 正如水要浇灌到树根上才有作用一样，交朋友要推心置腹才能交到真朋友。

【运用】 用于阐述结交朋友要坦诚交心才能交到贴心可靠的挚友。

扫码听音

近智者贤能，近愚者暗

【注释】 近：亲近。

【句意】 跟贤能的人在一起，因受到好的影响，得到帮助，会进步提高；跟愚蠢或品德不好的人在一起，会受到坏的影响，导致不求上进，甚至做坏事，走上犯罪道路。

【运用】 用于阐述客观环境对人有很大影响，要亲君子、远小人。意同“近朱者赤，近墨者黑”。

厦门方言

加交一个朋友，
加一条生路；
加结一个冤仇，
加起一堵墙

【注释】 加：多。

【句意】 多交好友，就能为自己的前途铺设更宽广的道路；多树敌人，就会给自己堵路找麻烦。

【运用】 用于阐述为人要多交朋友，少结仇怨。

扫码听音

受人一盏，还人一碗

【注释】 一盏：一小杯。

【句意】 得到别人一小杯水的恩惠，要回馈他人一碗水。

【运用】 用于阐述不能白受别人的恩惠，要懂得回报感恩。意同“滴水之恩，涌泉相报”。

厦门方言

人咧做，天咧看

扫码听音

【注释】 咧：在。

【句意】 人在做，天在看。

【运用】 用于阐述做人做事，一言一行，都瞒不了天，瞒不了人。若要人不知，除非己莫为。

厦门方言

学好三年，学歹一时

【注释】 歹：坏。

【句意】 学好要三年时间，学坏只要很短的时间。

【运用】 用于阐述人要学坏或变质，只需一个转念或一瞬间，但要修好品德、思想，却要长时间的坚持和磨炼。意同“从善如登，从恶如崩”。

厦门方言

你无去伤人，人𫠛去伤你

【注释】 𫠛：不会。

【句意】 你不主动惹事挑事，别人也不会去伤你害你。

【运用】 用于提倡相互关怀帮助，不无事生非。

扫码听音

相分食有伸，相抢食无份

【注释】 伸：剩。

【句意】 同样的食物，相互谦让分着吃，食物会有剩余；大家互不相让抢着吃，食物反倒不够分。

【运用】 用于提倡相互谦让的美德，只有互相礼让才能互利共赢。

厦门方言

在生伓祭咙喉，死了则孝棺柴头

扫码听音

【注释】 伓：不；祭咙喉：此处指供养父母；棺柴头：棺材。

【句意】 父母在世的时候没有供养好父母，父母去世后丧事却办得很隆重，显得很孝顺。

【运用】 用于讽刺没有真正的孝心，却要做表面文章哗众取宠。倡导厚养薄葬。

惪囝伓孝，惪猪上灶

【注释】 惪：纵容；囝：子女；伓：不。

【句意】 猪没有管教今后会上灶觅食，子女骄纵今后就会不孝。

【运用】 用于说明对子女要严加管教，溺爱不得，否则子女会叛逆不孝，甚至作恶犯罪，造成不可收拾的后果。

厦门方言

细汉偷挽匏，大汉偷牵牛

【注释】 细汉：小时候；挽：摘；匏：匏瓜。

【句意】 幼年时偷匏瓜，长大了就会偷牛。

【运用】 用于喻指对子女的管教放松不得，要抓住早期出现的各种有害的苗头及时纠正，否则任其发展，会闯出大祸，难以收拾。

 主要收录有关实事求是、矛盾论等哲学思想的民谚、俗语。

歹竹出好笋，好竹出龟仑

【注释】 歹：坏的；龟仑：畸形、丑八怪，在此指形状难看的竹笋。

【句意】 坏的竹子也会长出好的笋，好的竹子却也会长出形状难看的竹笋。

【运用】 用于比喻事物好与坏的变化没有必然的因承关系，而是可以转化和变异的。

厦门方言

古井水鸡
伓知天偌大

扫码听音

【注释】 水鸡：青蛙；伓：不；偌大：多大。

【句意】 老井里的青蛙不知道天有多大。

【运用】 用于喻指坐井观天，眼光短浅，不知天高地厚。

虎行路也会盹眠

【注释】 盹眠：打盹。

【句意】 老虎走路都有打盹的时候。

【运用】 用于喻指任何人都会有出错之时。人无完人，金无足赤。意同“仙人拍鼓有时错”。

厦门方言

十支掌头仔无平长

【注释】 掌头仔：手指；平长：一样长。

【句意】 十根手指不会一样长。

【运用】 用于喻指世间万物本有差异，不可能都一个样，不能事事要求做到绝对平均。

扫码听音

一样米饲百样人

【注释】　饲：养。

【句意】　一样米养百样人。

【运用】　用于阐述每个人的品格、个性等都不一样，要认识和尊重这种事实，不能苛求责难或强求一致。

厦门方言

一枝摇，百枝动

【注释】　枝：树枝。

【句意】　摇动一根树枝，其他树枝也会跟着晃动。

【运用】　用于比喻动一个极小的部分就会影响全局。意近“牵一发而动全身”。

一里通，百里同

【注释】 里：长度单位。

【句意】 弄懂事物一部分的内容，其他部分的内容也可以举一反三。

【运用】 用于比喻事物或知识道理彼此间有一定的联系，可触类旁通，一通百通。意同“举一反三”“触类旁通”。

厦门方言

𫕷晓驶船嫌溪狭

【注释】 𫕷晓：不会，不懂；狭：狭窄。

【句意】 不懂得驾船嫌溪流窄。

【运用】 用于比喻躲避做事或者把事情办砸了，不从自身找原因，而是委过于人。

扫码听音

一人传虚，万人传实

【注释】 传：传播。

【句意】 一人传谣不易让人相信，许多人传谣就会被人弄假成真，造成恶劣的影响。

【运用】 用于阐述人言可畏，众口铄金，积毁销骨。

厦门方言

路有千条，理只有一条

【注释】 理：道理。

【句意】 道路有千万条，真理只有一条。

【运用】 用于阐述实践与真理的区别：在实践上，达到同一目的可以有多种不同的方法和途径；但是真理具有唯一性、普适性，可以运用到所有的实践中。

水滇船就浮

【注释】　水滇：水满上来。

【句意】　水涨船高。

【运用】　用于阐述条件成熟了，事情自然会成功。意近“水到渠成”。

厦门方言

大海无风𫘨做涌，树仔无风𫘨摇枝

【注释】　𫘨：不会；涌：浪；树仔：树。

【句意】　大海无风不会起浪，树枝无风不会摇晃。

【运用】　用于说明一切现象的产生与变化都是有原因的。

水无加囫，人无十全

【注释】 加囫：完整的一块。

【句意】 水无定形，人无完人。

【运用】 用于阐述一切人和事物都不可能十全十美，要正确对待与处理，不要百般挑剔。

厦门方言

爱是金，伓爱是塗

【注释】 伓：不；塗：泥土。

【句意】 喜爱的时候像对待金子一般珍视，不爱的时候视如粪土。

【运用】 用于阐述看待事物的价值，常会因个人感情的变化而产生惜如珍宝或弃如粪土的两极分化。

方略篇

主要收录表达按客观规律办事、有技巧地办事等科学工作方法的民谚、俗语。

牵牛牵牛鼻，揭刀捏刀柄

【注释】 揭刀：拿刀。

【句意】 牵牛要牵牛鼻子，抓刀要抓刀柄。

【运用】 用于阐述抓住事物的关键办事，就能事半功倍。

厦门方言

大炮拍雀鸟仔

扫码听音

【注释】 拍：打。

【句意】 大炮打鸟雀。

【运用】 用于形容办小事费大力气，小题大做。意近“杀鸡用牛刀”。

扫码听音

共青盲问路

【注释】　共：向；青盲：盲人。

【句意】　向盲人问路。

【运用】　用于比喻办事找错对象，得不到理想结果。

厦门方言

人误地一时，地误人一年

【注释】 误：耽误。

【句意】 没有及时抓住种地的节气天时，就会一年没有收成。

【运用】 用于阐述做事失去最佳时机，将造成长远而巨大的损失。

扫码听音

猪头伓顾顾鸭母卵

【注释】　伓：不；鸭母卵：鸭蛋。

【句意】　猪头不顾，顾鸭蛋。

【运用】　用于喻指捡了芝麻丢了西瓜。因小失大，得不偿失，因此处事要抓住主要矛盾。

厦门方言

箕龟拍拳头，着力无好看

【注释】 箕龟：驼背的；拍拳头：打拳；着力：吃力。

【句意】 驼背的人打拳，又吃力又难看。

【运用】 用于讽喻做事不能扬长避短，因而吃力不讨好。

扫码听音

有样看样，无样家己想

【注释】 家己：自己。

【句意】 有样板就学样板，跟着样板做；没有样板可学习参考，就自己动脑筋想办法。

【运用】 用于鼓励吸收借鉴前人经验的同时发挥创造性去解决新问题。

厦门方言

歹势代先，较好歹势路尾

扫码听音

【注释】 歹势：不好意思；代先：在先；路尾：后面，后来。

【句意】 丑话说在前头，好过把麻烦留在后头。

【运用】 用于阐述在事前要先把话说清楚，以免事后出问题而陷入被动的局面，反而双方都很难堪。意近“先小人后君子”。

厦门方言

一言不中，千言无用

【注释】 中：正对上。

【句意】 话没说准或话没说到点子上，离了题，就越说越远，说得再多也没用。

【运用】 用于阐述要言不烦，讲话要抓住思想的关键点、听众的关切点，才能说服人、打动人。

厦门方言

破柴看柴痕

【注释】 破柴：劈柴；柴痕：木材的纹路。

【句意】 劈柴要看木材的纹路。

【运用】 用于阐述做事要找准事情的突破口，才能事半功倍，取得成功。

扫码听音

常拍若拍拍，常骂若唱曲

【注释】 若：好像；拍拍：打拍子。

【句意】 人常被骂会无所谓，常被打也不觉得痛。

【运用】 用于喻指常用压服或惩罚的手段教育人是无效的，要一次性惩罚到位，形成震慑，引起高度重视。

厦门方言

紧行无好步，紧食无味素

【注释】 紧行：走得快；紧食：吃得快；味素：味道。

【句意】 走得太快容易出事，狼吞虎咽不能品出食物的好味道来。

【运用】 用于阐述处事欲速则不达，应三思而后行。

入港随湾，入乡随俗

【注释】 港：港湾。

【句意】 船入港停泊要顺应港湾的水域环境，人到他乡要按照当地的风俗行事。

【运用】 用于阐述要尊重各地不同的风俗习惯，也可用于劝告人们根据实际情况顺势而为。

厦门方言

也着棰，也着糜

【注释】　棰：短木棍；糜：稀饭。

【句意】　对孩子，既要疼爱，也要严加管教。

【运用】　用于喻指教育子女或处事，要恩威并施，奖惩分明。

扫码听音

好天得积雨来粮

【注释】 积：储备；雨来：下雨时。

【句意】 天气好时也要储备雨季的粮食。

【运用】 用于阐述对未来可能发生的事情或变故，要提前做好各种准备，才能胸有成竹地迎接各种难关、挑战和考验。与“未雨绸缪”“防患于未然”近义。

厦门方言

饭会用清采食，话𫥨用滥哮讲

【注释】　清采食：随便吃；𫥨用：不能；滥哮：随意。

【句意】　饭可以随便吃，话不能随便讲。

【运用】　用于阐述要管住自己的嘴，不说大话，也不诽谤造谣，以免惹是生非，害人害己。

扫码听音

做贼做一更，守贼守一暝

【注释】 一暝：一整夜。

【句意】 做贼偷盗只要一小会儿，防贼却要整夜守着。

【运用】 用于阐述做坏事只要一瞬间，但防破坏却要常备不懈，时时保持警惕。

厦门方言

押鸡伓成伏，押人办无事

【注释】押：强压；伓：不；伏：抱窝、孵蛋。

【句意】强按鸡不可能让鸡蹲伏下来孵蛋，强逼别人做事情是办不好事的。

【运用】用于比喻强人所难，不情愿而勉强或强力办成的事情是不可能美满或不会成功的，要循循善诱。

生态篇

主要收录说明保护生态和可持续发展重要性的民谚、俗语。

扫码听音

卜起厝，加种树

【注释】 卜：想要；起厝：盖房子；加：多。

【句意】 想要盖房子，必须多种树。

【运用】 用于表达植树可以美化环境，可以致富。

厦门方言

人靠地养，
地靠人养

【注释】 靠：依靠。

【句意】 人靠土地养活，土地靠人来养护。

【运用】 用于阐述人和土地相互依存的关系。

有树有鸟歇

【注释】 歇：停歇。

【句意】 只要有树就会有鸟停歇。

【运用】 用于阐述有了好环境，就能引来人才。

厦门方言

河水五路流，也会有尽头

【注释】　五路：四处。

【句意】　河水四处流，总会有尽头。

【运用】　用于阐述资源如果任意挥霍，总有枯竭的时候。

扫码听音

食果子着拜树头

【注释】 食：吃；着：要，得；树头：树根。

【句意】 水果好吃是因为有树根的滋养，进食者应该懂得感恩。

【运用】 用于阐述吃水不忘挖井人。亦可用于阐述人应该感恩自然，保护生态。

拍拼得人疼

【注释】 拍拼：打拼，努力；疼：疼爱。

【句意】 勤奋打拼的人会得到别人的尊重。

【运用】 用于阐述做事认真、勤劳拼搏的人会得到他人的称赞、信任和拥戴。

主要收录表达真抓实干重要性的民谚、俗语。

一世人短短，着有头有尾

【注释】　一世人：一辈子；着：要。

【句意】　人一辈子没有多长时间，要做到有头有尾，善始善终。

【运用】　用于阐述人生短暂，做人做事要坚守节操、始终如一。

厦门方言

有心拍石石成砖，有心开山山成园

【注释】 拍石：敲打、开凿石头。

【句意】 耐心凿石，石头成砖料；有心开荒，山地能变成田园。

【运用】 用于阐述要成就一件事，贵在有决心、有毅力、有恒心，坚持到底。意同“只要功夫深，铁杵磨成针”。

厦门方言

积塗成山，积水成河

【注释】　塗：泥土。

【句意】　积土成山，积水成河。

【运用】　用于阐述要坚持不懈、久久为功，方可成大事。

厦门方言

未学行，先学飞

【注释】 行：走路。

【句意】 还没学会走路，就想学腾云驾雾，一步登天。

【运用】 用于讽刺浮躁轻率、好高骛远、想入非非等不良习气。

厦门方言

做人着磨，做牛着拖

【注释】 磨：劳苦；拖：拉（车）。

【句意】 做人就要经历劳苦，做牛就要去拉车。

【运用】 用于阐述就像牛的本分就是拖犁拉车一样，人的本分就是勤劳工作，受苦受累，经受各种磨炼，才能生存并过上好日子。

厦门方言

山悬无有骹悬

【注释】 悬：高；无有：不会有；骹：脚。

【句意】 山再高也会被人踩在脚下。

【运用】 用于喻指人的力量或潜力是无穷尽的，只要肯攀登、肯努力，就没有做不了的事。意同“无盘𫜶过的山岭，无蹽𫜶过的溪河”。

扫码听音

允人较惨欠人

【注释】 允：允诺；较惨：比某件事更严重；欠：亏欠。

【句意】 承诺或答应别人某件事比亏欠别人人情、钱财还不好受。

【运用】 用于劝诫不可轻易许诺，只要许下诺言就要做到言出必行，有诺必践。

官清民自安

【注释】 清：清廉。

【句意】 官员清正廉洁则百姓自然安居乐业，政风清则民风淳。

【运用】 用于阐述官员清正廉洁则国泰民安，天下太平。反之，如果官员贪污腐化，违法乱纪，就会使国家衰弱贫穷，社会动荡不安。

主要收录表达廉洁从政重要性的民谚、俗语。

做官无清廉，囝孙衰万代

【注释】 囝孙：子孙。

【句意】 为官不廉洁奉公会祸及子孙。

【运用】 用于阐述为官要清正廉洁，否则带坏家风，祸及家庭及后代。

厦门方言

做官着清，做事着明

【注释】 着：要。

【句意】 为官要清廉无私，做事要光明磊落。

【运用】 用于提倡为官要清正廉洁。

扫码听音

钱财无滥嗲

【注释】 滥嗲：随便，随意。

【句意】 钱财不能来路不明。

【运用】 用于阐述钱财是一个人品质的试金石。

厦门方言

金用火试，人用财试

扫码听音

【注释】 试：检验、测试。

【句意】 黄金要用火来检验，人要用钱财来考验。

【运用】 用于阐述正如真金不怕火炼一样，钱财是否公私分明、来路是否干净，是考察一个人品质的试金石。

扫码听音

鸡卵密密也有缝

【注释】 鸡卵：鸡蛋。

【句意】 鸡蛋再密实也有缝隙。

【运用】 用于阐述世上没有瞒得住的事，若要人不知，除非己莫为。意近“世上没有不透风的墙”。

厦门方言

细空伓补，大空叫苦

【注释】 细空：小的破洞；伓：不。

【句意】 小洞不补，变成大洞了才叫苦。

【运用】 用于喻指要防微杜渐，以免酿成大祸，叫苦不迭。也可用于阐述要时刻注意扎紧制度的笼子，防止出现“破窗效应”，使得小漏洞累积成系统性风险。

扫码听音

草藤仔也会绊倒人

【注释】 草藤仔：小草藤。

【句意】 别忽视小小的草藤，如不及时处理，不小心也会绊倒人。

【运用】 用于喻指要防微杜渐，免得遭害受损。也可用于阐述要严守纪律和规矩，管住管好细枝末节，小问题小毛病有可能是滑向深渊的开始。

厦门方言

严是爱，
惯会害，
伓管伓教会变歹

【注释】　惯：纵容；伓：不；歹：坏。

【句意】　严是爱，纵容有害，不管不教会变坏。

【运用】　常用于阐述对子女不加管教，过度溺爱，会使他们变坏，甚至导致犯罪。也可用于阐述要从严治吏，严管就是厚爱。

后　记

谚语是广大人民群众在漫长的生产生活中不断总结和凝炼的语言。其俗在于“通”，因为由经验而来，说的是身边事物，借喻来自日常，所以有情趣、通人情，因而更能让人会心；其雅在于“理”，因为要表达更加普遍的意义和推广更加核心的价值，所以借以传道、论道、说道，因而引人入胜，发人深省。人民群众就是这样在日常交谈、交往中传递着对真、善、美的理解与追求。中华文化精神和社会核心价值观就是依托这样的载体，为人民群众日用不绝，甚至不觉。

福建地处我国东南，在长期的历史演进中，区域文化形成的生活经验、风土人情、习俗观念等大量信息作为文化基因沉淀在方言谚语、俗语之中。这些看似零碎、朴实，实则洗练、深刻的民谚俗语，凝结着闽人在千百年来形成的经验知识、社会规矩、人生启示、朴素思辨，携带着恒久的群体记忆和广泛的思想认同，承载着悠久而璀璨的“闽人智慧”。在用来析事明理时，运用一两句经典民谚俗语，往往能够起到迅速引发共鸣、令人心领神会的效果。

福建省委宣传部、省委讲师团组织编写的“闽人智慧：言之有理”丛书，将那些闪耀哲理光芒、富有理论魅力、契合新时代精神的民谚俗语收集、提取出来，并进行融媒体加工，通过深入的调查研究，去粗存精、好中选优，让它们世世代代传承下去。

考虑到福建方言具有多中心的特点，丛书以全省九个设区市及平潭综合实验区作为方言代表点，编写十本分册，每本分册对当地主要方言谚语都有收集。册内篇章分信念、立场、民本、劝学、为善、辩证、方略、生态、笃行、廉洁十个篇目，便于读者使用。

著名方言专家、福建师范大学文学院原教授、博士生导师陈泽平担任丛书的策划、审订工作。在全省各地党委宣传部门、党委讲师团和各地方言专家、学者的协同努力下，编委会选定了近千条具有浓厚方言特色和时代意义的民谚条目，并进行篇目分类，组织编写注释、句意和运用。遗憾的是，陈泽平教授在完成书稿审订工作后不久因病辞世。

我们还邀请各地方言专家为所有方言条目录制慢速和正常语速两种音频，在书中每个方言条目边上配二维码，使之更加便于读者的学习使用。由于各地方言的特殊性，能读懂、读清楚这些方言的专家年纪都不小，有的专家虽然行动不便，仍坚持在录音棚里一遍遍地录音，直到录得满意的音频。书稿编辑完成后，著名语言学家、厦门大学中国语言文学系教授、博士生导师、福建省语言学会原会长李如龙和著名文史学家、福建省文史研究馆原馆长卢美松分别从方言学角度和文史学、社会学等角度对丛书给予充分肯定并向广大读者推荐本丛书。在此，我们向以上专家对本书作出的贡献表示诚挚的感谢，对作出重要贡献却未能见到本丛书面世的陈泽平教授表示深切缅怀。

相信本丛书的出版对于广大读者从方言谚语中了解当地习俗典故、传承优秀传统文化、习得“闽人智慧”和增强文化自信，都具有现实意义。

由于福建方言繁复而庞杂，即使在同一方言区里，不同县市、乡镇的方言也各有差异，囿于篇幅，书中存在的不足和疏漏之处，敬请大家批评指正。

本书编委会

2023 年 12 月

鸣　谢

“闽人智慧：言之有理”丛书在编写过程中得到了各设区市党委宣传部、讲师团和平潭综合实验区党工委宣传与影视发展部的大力支持！参与本丛书编写、修改或音频录制工作的人员名单如下：

福州卷

陈日官　张启强　高迎霞　张　武　黄　晓

蔡国妹　陈则东　唐若石　许博昕　林　静

厦门卷

周长楫　刘宏宇　江　鹏　张　琰　柯雯琼

漳州卷

黄瑞土　王叶青　郭外青　蔡榕泓

泉州卷

郭丹红　郭焕昆　蔡俊彬　林达榜　吴明兴

熊小敏　王建设　蔡湘江　朱媞媞

三明卷

肖永贵　邓衍淼　邓享璋　肖平军　夏　敏

邓丽丽　陈　卓　邱泽忠　陈　丹　林生钟

莆田卷

苏志军　刘福铸　林慧轻　林　杰　林盈彬

黄　键

南平卷

肖红兵　黎　玲　黄新阳　吴传剑　黄秀权

程　玲　徐　敏　黄丽娟　祝　熹　杨家茂

林培娜　徐跃红　徐文亮　吴雪灏　陈灼英

施　洁　谢元清　郑丽娜　姜　立　谢梦婷

龙岩卷

陈汉强　杨培武　陈大富　苏志强　谢绍添

宁德卷

王春福　吴海东　罗承晋　林毓秀　林毓华

钟神滔　吴德育　陈玉新　刘文杰

平潭卷

詹立新　李积安　林贤雄　林祥鹭

特此致谢！

本书编委会

2023 年 12 月

图书在版编目（CIP）数据

闽人智慧：言之有理. 厦门卷 / 中共福建省委宣传部，中共福建省委讲师团编. --福州：福建人民出版社，2023.12

ISBN 978-7-211-08862-1

Ⅰ.①闽… Ⅱ.①中… ②中… Ⅲ.①汉语方言—俗语—汇编—厦门 Ⅳ.①H17

中国版本图书馆 CIP 数据核字（2022）第 051803 号

闽人智慧：言之有理（10 册）

MINREN ZHIHUI：YANZHI YOULI

作　　者：中共福建省委宣传部　中共福建省委讲师团
责任编辑：周跃进　李雯婷　孙　颖
美术编辑：白　玫
责任校对：林乔楠
出版发行：福建人民出版社　　**电　　话**：0591-87533169（发行部）
地　　址：福州市东水路 76 号　　**邮　　编**：350001
网　　址：http://www.fjpph.com　　**电子邮箱**：fjpph7211@126.com
经　　销：福建新华发行（集团）有限责任公司
装帧设计：雅昌（深圳）设计中心　冼玉梅
印　　刷：雅昌文化（集团）有限公司
地　　址：深圳市南山区深云路 19 号
电　　话：0755-86083235
开　　本：889 毫米×1194 毫米　1/32
印　　张：37.25
字　　数：255 千字
版　　次：2023 年 12 月第 1 版　　2023 年 12 月第 1 次印刷
书　　号：ISBN 978-7-211-08862-1
定　　价：268.00 元（全 10 册）